AF440349

COUP-D'OEIL

SUR LA POLITIQUE VACILLANTE

DU MINISTÈRE,

PAR A. RANDOUIN.

———— ∞∞∞ ————

PARIS,

ALEXANDRE MESNIER, LIBRAIRE,

PLACE DE LA BOURSE.

——

MDCCCXXVIII.

Imprimerie de H. FOURNIER, rue de Seine, n. 14.

COUP-D'OEIL

SUR LA POLITIQUE VACILLANTE

DU MINISTÈRE.

L'état d'immobilité du ministère, à côté des événemens qui marchent, et de l'opinion qui grandit, est un sujet d'étonnement universel. On se demande comment des circonstances, qui paraissent le plus riches en brillans résultats, demeurent tout à coup stériles, et comment le voyage du roi, qui n'a été qu'une longue suite de fêtes, de réjouissances et d'acclamations unanimes, peut servir de prétexte, sinon à un changement de système, du moins à des temporisations inquiétantes. Les ministres actuels, quoique tous n'aient pas également payé leur dette au régime constitutionnel, n'en sont pas moins environnés de l'estime publique, aussi ne sont-ce point eux que l'on accuse ; il est donc encore au-dessus du ministère une puissance occulte qui paralyse la marche du gouvernement, qui envenime les actes les plus innocens, travestit les intentions les plus pures ; qui commente à son profit les faits les plus éclatans, les embrouille et les tourne pour en déduire des conséquences forcées les plus propres à ses intérêts et les moins conformes à la nature des choses ! Cette autorité, il faut le dire, c'est le jésuitisme qui siège encore dans les conseils du prince, qui administre contre lui et en son nom dans nos départemens, qui suscite ou appuie les révoltes épiscopales, ne reçoit le mot d'ordre que des coryphées de la congrégation, se joue des lois qu'il n'a point faites, révèle des complots imposteurs, évoque tous les spectres révolutionnaires, et s'enhardit incessamment de la pusillanimité qui le voit à découvert et n'ose le frapper. C'est ici le cas de dire aux ministres que la faiblesse qui laisse faire est presque aussi coupable que la perversité qui agit ; tout se lie, tout s'enchaîne en ce monde de conséquence en conséquence; soyez juste, mais soyez ferme. D'autres vous ont donné l'exemple de la persévérance dans le mal, ayez de l'audace dans le bien ; naguère vous avez porté deux ordonnances salutaires pour ramener sous le joug des lois ceux qui, depuis six ans, vivaient d'exceptions et de privilèges, et s'évertuaient à jeter dans le cœur de notre jeunesse la haine qu'ils nourrissent contre nos institutions ; ces deux ordonnances, fidèlement exécutées, devaient affermir votre pouvoir; mais le jour où vous avez parlementé avec les mutins, le jour où vous avez souffert que la parole royale fût contredite et débattue, le jour où vous avez demandé à Rome aide et secours pour le roi de France, vous avez chancelé sur vos chaises curules : par cet acte évasif, par ce faux-fuyant impolitique, vous avez sanctionné toutes les prétentions ultramontaines, et, au premier conflit qui pourra s'élever, on s'étaiera de ce précédent pour reculer votre autorité que vous aurez vous-même méconnue. Quand les évêques ont refusé de déférer aux ordonnances, deux mots eussent suffi pour couper cours à toutes les criailleries, à toutes les résistances; il fallait par un simple article additionnel, dire que les attributions assignées aux évêques par les deux ordonnances étaient dévolues aux préfets; c'est ainsi que vous eussiez procuré l'exécution des volontés souveraines, c'est ainsi que vous eussiez prouvé que le roi de France n'empruntait de personne la force nécessaire pour être obéi dans ses états, et que cette force était bien placée entre vos mains. Cette mesure accidentelle eût été le premier pas vers la séparation du spirituel et du temporel, principe vital et fondamental, sans lequel il n'y aura jamais de repos à espérer pour les empires, principe vers la consécration duquel nous avançons chaque jour par la seule force de la civilisation, principe que les résistances sacerdotales et monacales fécondent et mûrissent au lieu de l'étouffer, et dont la proclamation fera la gloire des ministres qui oseront y attacher leurs noms. L'esprit de chicane du clergé est inconciliable avec les affaires; laissons-le s'agiter et se consumer dans ses dissensions intestines; trop souvent les apôtres de l'humilité chrétienne se passionnent pour la vanité des choses humaines : tout récemment encore, deux graves prélats, animés l'un contre l'autre par le ressentiment des fameuses ordonnances, ne nous ont-ils pas donné le spectacle peu édifiant de leur ténacité et de leur rancune? Tous deux prétendaient célébrer la messe du Saint-Esprit, à la rentrée des tribunaux, aucun n'a voulu en avoir le démenti ; l'archevêque s'est tenu coi dans son palais, l'évêque est allé visiter son diocèse, faute de ces deux champions obstinés, un curé s'est trouvé là pour officier, et la messe à été dite. Mais, qu'un pareil démêlé éclate en province, dans une paroisse desservie par deux ecclésiastiques seulement, voilà le culte déserté, le troupeau sans pasteur, et ce qui n'était qu'une simple peccadille chez le prince de l'Église, devient, quelques rangs plus bas, un véritable scandale public. Quoi de moins respectable, de moins digne, de moins imposant, que les misérables querelles de préséance et d'étiquette, que les rivalités cramponnées à la défense de leurs plus minces prérogatives, à côté du sacrifice immense en commémoration duquel le service divin est célébré ! Qu'importe à la religion et au dogme cette lutte égoïste entre un ministre évêque et un archevêque qui se croit plus qu'un ministre? L'intérêt du ciel n'est là pour rien, mais l'homme se montre tout entier avec ses passions, ses petitesses et ses prétentions vaniteuses ; c'est parce que le prêtre est toujours homme qu'il doit se renfermer dans le sanctuaire, et qu'il doit éviter de compromettre son caractère sacré dans des débats purement terrestres, dans des spéculations mondaines.

Le voyage du roi avait donné de la popularité au ministère ; la délivrance de la Grèce ne l'a pas laissé sans gloire ; mais, chose singulière, ses hésitations semblent s'accroître en raison des événemens qui devraient les dissiper ! On a beaucoup disputé sur l'expédition de Morée ; accueillie d'abord avec faveur , la résistance imprévue des Turcs et les temporisations des généraux russes , l'ont ensuite fait juger plus sévèrement ; des craintes se sont élevées dans l'ame de ceux même qui l'avaient provoquée et applaudie ; on murmurait les mots de légèreté et d'imprudence ; à côté de cela , les journaux d'une opposition forcenée , ennemie de toute idée généreuse, de toute sympathie nationale , s'écriaient que l'entreprise était folle et extravagante , que le ministère s'y était engagé sans calcul , sans précaution et par le seul désir de faire sa cour à un parti ; que les maladies et les privations de toute espèce désolaient notre armée ; que trente mille Turcs allaient déboucher par l'isthme de Corinthe pour l'assaillir et la mettre entre deux feux ; qu'il fallait se défier de la flotte anglaise , et que nous n'avions que le temps de nous rembarquer avec notre honte , trop heureux d'en être quittes pour nos frais , et de nous rendre , à ce prix , la risée de l'Europe entière. Mais la chute de Varna et le bulletin du général Maison sont venus calmer les inquiétudes sincères mais bienveillantes des écrivains patriotes , et pulvériser les argumens des prophètes de malheur. Qu'il y ait eu du hasard dans ce coup de baguette qui nous livre, sans brûler une amorce, une vaste province défendue par vingt-six mille hommes et un matériel considérable, je ne le nie point ; mais il reste au ministère l'honneur d'avoir conçu son projet, de l'avoir exécuté et amené à bien ; ne lui envions point la gloire qui lui en revient ; combien d'autres, avant lui, ont recueilli des palmes qu'ils n'avaient point moissonnées!

Le but de l'expédition est-il aujourd'hui totalement rempli, ou la délivrance de la Grèce n'était-elle pas l'unique cause de l'occupation du Péloponèse? Telle est la question qu'on se fait actuellement. On peut répondre, dès à présent, que le but de l'expédition, en ne la considérant même que sous le point de vue de la Grèce, ne sera réellement atteint que lorsque les limites de ce nouvel Etat auront été définitivement fixées, et le gouvernement grec mis en possession de son territoire ; nul doute encore que le ministère, en expédiant une armée en Morée, n'ait songé à l'avantage qu'il aurait de prendre position sur le sol ottoman, et de pouvoir parler avec autorité et énergie dans le cas où la prise de Constantinople viendrait à tourner la tête du jeune empereur, et à lui suggérer des idées de conquêtes qu'il a toujours repoussées. Mais la diplomatie a fait de tels progrès, a acquis une telle importance de nos jours, le concert admirable de trois puissances rivales marchant franchement, depuis dix-huit mois, vers une fin commune sous la tutelle des ambassadeurs, la victoire de Navarin, la coopération toute récente des Anglais dans les golfes de Lépante et de Coron, les trois pavillons flottant simultanément sur les remparts de la Grèce, sont des gages tellement forts, tellement éloquens de loyauté et de bonne foi, qu'il n'est pas impossible que, quant aux craintes d'agrandissement de la Russie, la France s'en repose entièrement sur la parole du czar. Le ministère n'eût-il d'autre mérite que d'avoir essayé le prestige de nos uniformes sur les bataillons étrangers, et montré que nous savions encore manier l'épée pour soutenir les traités scellés de notre signature, qu'il faudrait encore lui en rendre hommage.

Mais ce n'est pas tout de triompher au dehors, il faut encore être maître chez soi; ce n'est pas tout de chasser les Turcs et les Arabes, il faut encore chasser les jésuites, il faut débusquer les suppôts de M. de Villèle et de la congrégation. Qu'on ne s'y méprenne pas; il ne s'agit point ici d'une réaction; personne n'y songe, et l'on ne prononce ce mot que pour en faire peur. Une réaction, c'est l'emploi de la force aveugle et brutale pour déposséder ceux-ci au profit de ceux-là. Non, il ne s'agit point d'ôter à ceux qui ont, pour donner à ceux qui n'ont pas; nous reconnaissons, si l'on veut, que la possession est un titre et même, jusqu'à preuve contraire, une présomption favorable. Mais il est temps de porter la lumière dans le chaos des méfaits administratifs, et de traiter chacun selon ses œuvres; un an d'étude et d'examen ont dû suffire au ministère pour opérer le triage, pour séparer l'ivraie du bon grain, et se mettre en état d'agir avec équité et discernement. Maintenez tous les hommes consciencieux et éprouvés, tous ceux qui n'ont fléchi qu'à regret sous le joug du triumvirat déchu, tous ceux qui n'ont été qu'égarés et qui, instrumens dociles, vous servent aujourd'hui sans humeur comme sans arrière-pensée; mais Dieu nous garde des mesures ambiguës, des améliorations équivoques; qu'on ne nous donne point pour satisfaction à la vindicte publique ces risibles promenades de préfets qui ne feraient que changer de province, et de directeurs généraux qui ne feraient que changer d'hôtel. Point de grace pour ces artisans de fraude, de déception et de violence qui ont déshérité l'administration de l'estime et de l'affection dont elle a besoin, qui se sont mis en guerre ouverte avec le pays, qui se sont enrégimentés dans une milice ténébreuse, ennemie des trônes comme des peuples; point de grace pour ces fonctionnaires qui se sont traînés jusqu'aux conseils du prince par les couloirs de la police, et qui ont ensanglanté les rues de Paris en haine des scrutins électoraux; rendez à l'indépendance de leurs votes, à la liberté de leurs consciences, ces directeurs généraux qui réclament la parole pour renier vos principes, pour défendre la moralité du cabinet noir et la violation du secret des lettres, ces orateurs éhontés, qui ont flétri la tribune par les philippiques les plus révoltantes contre tous les sentimens nobles et généreux, par la profession des doctrines les plus anti-sociales, les plus subversives du bon ordre, les plus antipathiques à nos mœurs et à notre caractère. Rappelez à leurs places ces hommes que la France vénère, que la science illustre, que leurs persécutions désignent tout autant que leur patriotisme, et vous n'aurez point réagi, vous aurez acquitté la dette de la justice, vous aurez vengé l'honneur français, vous aurez purifié d'une lèpre menaçante l'atmosphère des Chambres et du conseil. Cette peste intestine veut être extirpée tout aussi radicalement que celle de Gibraltar.

Que les ministres y réfléchissent bien ; ils sont encore les maîtres d'adoucir les rigueurs salutaires que l'opinion réclame, ils sont encore les maîtres de restreindre le cercle d'une mesure qui répugne à leur caractère ombrageux et timide ; mais plus tard les mêmes choses se feront malgré eux, elles se feront plus nombreuses et plus sévères, et ils ne pourront plus en revendiquer le mérite ; les Chambres leur demanderont compte de ce qu'ils auront tenté pour la sécurité du pays pendant l'intervalle des deux sessions ; elles s'indigneront de se trouver encore face-à-face avec les satellites du système déplorable, de voir encore la France enlacée dans les rets de la congrégation, de voir la refonte des listes électorales confiée aux mêmes mains qui déjà y avaient glissé subtilement l'alliage le plus impur. C'est alors qu'il faudra fournir dans les noms et dans les hommes des garanties contre le retour de cette ligue impie qui prétendit envahir le royaume, l'asservir au régime monaçal, et le traiter en province conquise ; mais c'est alors aussi que les ennemis du ministère, les ultramontains, s'écrieront et s'écrieront avec raison, que les Chambres ne doivent point s'immiscer dans l'administration. On leur répondra qu'il faut bien que quelqu'un agisse pour les ministres, qui n'agissent point ; et, pour remédier à cet inconvénient qui est grave, un nouveau ministère, qui mettra les actions à côté des paroles, viendra succéder à un ministère qui s'en tient à protester de ses bonnes intentions : voilà la conséquence forcée des éternels délais des ministres ; car ce serait une erreur de croire que les opi-

nions se seront modifiées depuis la dernière session,
que quelques démissions et quelques décès auront af-
faibli le parti national. Les liens entre les électeurs et
leurs mandataires se sont encore resserrés depuis la clô-
ture des Chambres : dans tous nos départemens les députés constitutionnels ont reçu de la reconnaissance de
leurs commettans la récompense de leur conduite pas-
sée, et de nobles encouragemens pour l'avenir. Il n'y a
donc point de désunion à fomenter, ni de défection à
espérer. Quant aux pertes que la Chambre a faites, elles
sont importantes, sans doute, mais elles ne sont point
irréparables ; la patrie les déplore: mais elle ne s'en
effraie pas ; nous ne sommes plus à ces temps d'af-
freuse mémoire, où chaque coup que la mort frappait
sur les bancs déserts de l'opposition était une cala-
mité publique ; on frémit d'y penser : mais que serait-
il advenu de nos institutions tutélaires si sa faux, qui
jamais ne se lasse, qui tranche incessamment sans pitié
comme sans choix les existences les plus précieuses, en
eût abattu vingt têtes en l'espace de quatre années? Ce
n'est pas que je méconnaisse les services immenses rendus par la pairie, son patriotisme éclairé, son noble dés-
intéressement, sa haute éloquence ; ce n'est pas que
je pense que l'illustre assemblée se fût contentée de gé-
mir sur le cercueil de nos libertés abattues ; mais c'est
ici qu'il faut admirer l'inestimable bienfait d'une tribune publique ; la voix retentissante d'un seul député
courageux a plus d'écho dans la nation que les protes-
tations compactes de toute une opposition de la
Chambre haute. Toutefois, ne faisons pas à la compo-

sition actuelle de notre parlement, l'injure de discuter sa force ; il y a dans les Chambres et hors des Chambres une foule d'hommes distingués qui n'aspirent qu'à la noble mission de servir la patrie, et derrière cette élite généreuse, se trouve rangée une armée électorale, esclave de ses devoirs, mais jalouse de ses droits, admirablement disciplinée, admirablement inspirée, et qui vaincra au profit de la Charte et de la monarchie, toutes les fois que la sagesse royale l'appellera sur le champ de bataille.

Je viens de citer la Chambre des Pairs ; ceci me conduit à traiter une question qui a été vivement débattue par les journaux depuis quelque temps, mais qui n'est pas encore épuisée : on voit qu'il s'agit de la transmission de la pairie en ligne allatérale ; je vais essayer de jeter aussi mon grain de sable dans la balance, puisse-t-il la faire pencher du côté de la raison et du pays !

La Charte a consacré l'égalité des citoyens devant la loi, l'admissibilité de tous à tous les emplois ; par une dérogation formelle, et prévoyant le cas où dans des temps de trouble et d'anarchie, les passions populaires parviendraient à se faire jour dans la Chambre élective, elle a institué comme une digue aux envahissemens de la démocratie, la pairie héréditaire, corps puissant et modérateur, également indépendant du peuple qui ne lui donne pas son mandat, et du prince qui ne peut plus lui retirer le sien ; mais cet immense privilège eut ses conditions et ses lois ; il fut départi, dans le principe, aux représentans des grandes familles dont les noms, les services et les exploits, font, dans les temps anciens et modernes, la richesse de notre histoire et la gloire de la monarchie. Il nous était réservé de voir plus tard un ministère félon exploiter l'article 27 de la Charte au profit de son ambition personnelle, mettre la pairie à l'encan, et la vendre à celui qui l'aurait achetée le plus cher par plus de bassesse et de servilité; et c'est au moment où la prérogative royale se trouve enchaînée par une promotion audacieuse et démesurée, c'est au moment où la France gémit de voir des brevets de censeurs échangés contre des lettres de pairie, de voir des ministres exécrés, aujourd'hui courbés sous le poids d'une accusation juridique, tous déportés en masse au sein de la noble Chambre; c'est à ce moment, dis-je, que leurs successeurs refusent de profiter de l'action du temps, seul palliatif contre une mesure déplorable, et qu'ils songent, à l'aide d'interprétations forcées et complaisantes, à perpétuer par une transmission illégale des pairies qui s'éteignent! L'hérédité de la pairie a ses règles spéciales posées dans l'ordonnance constitutive du 19 août 1815, et si, par l'art. 3 de cette ordonnance, le Roi se réserve, « *pour le cas où* « *la ligne directe viendrait à manquer dans la famille d'un* « *pair,* d'autoriser la transmission du titre dans une « ligne collatérale, » il est clair qu'il faut, d'après le texte précité, que le cas soit advenu et réalisé, il faut que le titulaire soit décédé; car tant qu'il existe, et bien que l'expérience puisse éclairer jusqu'à un certain point en cette matière, qui peut prononcer sciemment que *jamais postérité de lui ne sortira.* Où est la loi qui fixe l'âge où un pair de France devra rester célibataire, et où une pairesse sera condamnée à n'avoir pas d'enfans; ce serait proclamer par ordonnance, la caducité de tel duc, personnage très-puissant d'ailleurs , ou la stérilité de telle duchesse., dont la coquetterie n'en voudrait pas convenir. Il y a quelque chose d'offensant et de méséant dans une telle supposition, et il serait bien plus généreux d'admettre en principe que les sources de la vie ne doivent jamais tarir dans ces familles de noble race et de pur sang. La thèse contraire serait un affront fait à la qualité.

On a cité comme un précédent favorable au système que nous combattons, la translation faite en 1823 de la pairie de M. Simon de Montalivet au profit de son frère Camille de Montalivet, mais cet exemple est mal choisi; car, conformément à nos principes, ce n'est qu'après la mort de son frère, que M. Camille de Montalivet à été promu à la pairie. Remarquez bien d'ailleurs qu'il ne s'agit ici que d'une question purement de forme. Le prince pouvant toujours, en vertu de l'institution royale, introduire dans la Chambre des Pairs ceux auxquels l'entrée de cette Chambre est contestée comme un droit, à titre de transmission. La latitude indéfinie réservée au Roi par la Charte pour la création des pairs a son contre-poids dans la responsabilité ministérielle , c'est-à-dire dans l'opinion publique ; mais à l'aide de la transmission, les ministres veulent éluder cette responsabilité, et décliner cette censure de l'opinion en se retranchant derrière une jurisprudence qu'ils voudraient faire prévaloir. Eh ! que peut une jurisprudence établie par la Chambre des Pairs, juge en sa propre cause ? que peuvent de simples ordonnances révocables contre le texte formel de la Charte ? Le système de transmission serait un moyen de patronage et d'influence sur la noble Chambre, voire même un moyen de corruption, quand le ministère est immoral, comme cela s'est vu ; l'on convient que des ministres félons pourraient faire soixante-seize transmissions à la fois, comme ils ont fait soixante-seize pairies, que ce serait là un criant abus, et l'on aime mieux consacrer la possibilité de cet abus, par une extension forcée donnée à la loi, que de sanctionner l'usage le plus étendu, mais seulement l'usage de la prérogative royale, telle qu'elle est définie par la constitution. Il semble qu'on veuille se donner le plaisir de prouver que cet adage, « le Roi ne peut mal faire » n'est qu'une illusion ; oui sans doute le Roi ne peut faillir, mais ses ministres font mal souvent, et avec intention ; c'est contre eux qu'il faut s'appuyer rigoureusement du texte de nos lois.

Un noble pair, qui a défendu le principe de la transmission dans un article anonyme, inséré au Journal des Débats, et en réponse à ce journal, a émis une autre doctrine bien plus étrange. Il cite l'art. Ier de l'ordonnance du 19 août 1815 ainsi conçu : « La « dignité de pair est et demeure héréditaire de mâle « en mâle, par ordre de primogéniture, dans la fa- « mille des pairs qui composent notre Chambre des « pairs. » Il argumente sur ce mot de famille, il lui donne l'extension la plus large, et il s'écrie qu'un pair, à sa mort, ne transmet pas une dignité qui lui est ab- solument propre, mais bien un véritable dépôt tou- jours existant au profit de celui qui devient, à une époque quelconque, *primogenitus*, dans la famille du fondateur de la pairie. Un pair, dit-il, ne vient donc jamais prendre place sur les bancs de la Chambre que par représentation, non pas de celui qui meurt, mais de celui qui a reçu la pairie comme récompense des services qu'il a rendus à l'Etat. Nous protestons de toutes nos forces contre cette prétention d'ériger la pairie en patrimoine de famille , comme attentatoire à la prérogative royale, comme faisant surgir dans l'Etat une aristocratie de familles au lieu d'une aristocratie de personnes, comme viciant l'institution elle-même dans son principe, et devant avoir , pour résultat infaillible , de peupler la Chambre de médiocrités et de superfétations désespérantes : grace à cette doctrine, la dignité de pair se trouverait livrée à la merci des plus minces cadets , qui pourraient , à l'aide de parchemins , et en remontant une échelle de douze degrés , se rattacher à je ne sais quel patricien dès-long-temps trépassé ! Où donc est le dépôt dans lequel les pairies expectantes seraient entassées et mises en réserve jusqu'à ce qu'on eût dédéterré de par le monde quelques seigneuries postiches pour les en revêtir ? La législation de la pairie est analogue à celle des majorats ; quand le titulaire d'un majorat décède sans enfant mâle , le majorat fait retour à l'Etat , il s'incorpore au domaine public , et il n'y a pas d'événement ultérieur qui puisse l'en détacher. Il en est de même de la pairie , qui s'éteint définitivement par le défaut d'enfant mâle au décès du dignitaire ; les termes même de l'ordonnance qui instituent l'hérédité de mâle en mâle, supposent l'existence actuelle d'un descendant mâle qui soit là pour recevoir la pairie des mains défaillantes de son dernier possesseur. La doctrine contraire tendrait à établir une véritable substitution, et les substitutions sont formellement prohibées par nos lois ; et le code civil, qui n'a point été abrogé au profit de la pairie, prescrit (art. 725) que pour succéder, il faut nécessairement exister lors de l'ouverture de la succession ; ceci, ce me semble, doit décider la question d'une manière irréfragable. Nous ne savons, au surplus, si les doctrines du noble pair anonyme sont adoptées par le ministère ; mais nous dirons aux ministres. Si vous voulez vous renforcer dans la chambre héréditaire, si vous voulez aussi avoir vos créatures, il existe encore, dans les illustrations anciennes et modernes, plus d'un nom qui manque à l'éclat de la pairie ; appelez ces nobles recrues à votre secours, elles entreront dans la Chambre, tête levée, aux applaudissemens unanimes, et vous les compterez dans vos rangs, tant que vous confondrez dans votre dévouement la Charte et la Royauté.

Cet écrit est inspiré par le désir de voir le bien s'opérer sans trouble et sans secousse, par l'impatience de voir fructifier les efforts patriotiques de la génération nouvelle, et s'accomplir le vœu si hautement prononcé par la nation aux élections de 1827. Loin de nous l'idée de harceler le ministère, par une manie chagrine d'opposition ; nous sommes les premiers à reconnaître ses intentions pures, et ses vues bienfaisantes. A lui l'honneur d'avoir relevé notre considération extérieure, affranchi nos conseils de la tutelle de l'étranger, ouvert devant nos guerriers les champs de la gloire, donné l'essor à notre marine, et montré sur toutes les mers notre pavillon triomphant ; mais c'est à l'intérieur qu'il est resté bien en arrière ; c'est là qu'il fallait trancher dans le vif, et il n'a mis à l'œuvre qu'une main tremblante ; la crainte de froisser des amours-propres chatouilleux, de blesser des délicatesses de cour, de soulever des récrimina-tions embarrassantes, l'a constamment obsédé, et le désir de ménager tout le monde, fait qu'il n'a pleine-ment contenté personne : on mollit contre des décla-mations de gazette, on remet successivement en porte-feuille tous les projets de réforme, dans la vue d'a-paiser les vociférations d'un parti aux abois, et, pour dernier sacrifice à la peur, on immole l'école normale, prête à renaître, en holocauste à des chansons. Sans doute la scène a bien changé depuis un an, les rap-ports de bienveillance, établis entre le gouvernement et les particuliers, l'accès ouvert à toutes leurs récla-mations, la différence du langage et des manières, l'interdit, qui frappait les sept huitièmes de la nation, presque totalement levé, les dénominations insultantes de parti tombées en désuétude, ou devenues de mauvais goût, le nom de la Charte prononcé dans toutes les ré-ponses du souverain, les députés constitutionnels assis partout à la table du Roi, des enquêtes ordonnées de toutes parts pour explorer les besoins du commerce, et raviver toutes les branches d'industrie en souf-france, ces commissions composées des hommes les plus recommandables par le caractère et par le talent : tout cela, il faut l'avouer, contraste singulièrement avec ces tableaux hideux, ces spectacles affligeans qui se déroulaient sous nos yeux, depuis six années ;

mais il faut le dire aussi , ce ne sont encore là que des indices, que des symptômes rassurans , mais qui peuvent tromper à la longue ; ce ne sont pas encore des faits : quand tout marche , quand tout est en progrès autour d'eux, les ministres ne peuvent demeurer plus long-temps stationnaires , sous peine de devenir forcément rétrogrades ; or, ce serait folie à eux de prétendre remonter le cours du temps , lutter contre le torrent des âges qui se précipitent et nous entraînent, et enchaîner l'élan irrésistible de l'esprit humain ; leur mission , c'est de lui préparer les voies, de lui frayer passage, de le diriger, de prévenir ses écarts et ses erreurs, et de faire tourner au profit de la nation cette ardeur inquiète de nouveautés et de perfectionnemens, dont tous les cœurs sont travaillés. Mais si ce rôle est au-dessus de leurs forces, s'ils reculent devant cette noble tâche , si, par l'influence d'anciens souvenirs , par l'empire de préjugés mal éteints, de liaisons mal rompues, ils pouvaient mettre en balance quelques intérêts de coterie et les intérêts sacrés de la patrie ; si, par faiblesse et par apathie, ils pouvaient déserter la cause nationale , c'est alors que nous en appelerions encore une fois à la sagesse royale, qui a déjà sauvé la France , et nous n'invoquerions pas en vain le monarque magnanime qui s'élance en imagination dans la postérité, qui lui dicte, avec la conscience du bien qu'il a fait et de celui qu'il médite, l'arrêt qu'elle devra porter sur son règne, et qui sourit à l'espoir qu'un jour elle gravera dans ses fastes immortels l'amour de Charles X pour ses peuples et son dévouement à leur bonheur.

Paris, le 1.er novembre 1828.